슬픔만 한 거름이 어디 있으랴

실천시집선 057
슬픔만 한 거름이 어디 있으랴

1988년 11월 25일 1판 1쇄 펴냄
1995년 10월 30일 2판 1쇄 펴냄
2010년 05월 12일 3판 1쇄 찍음
2023년 02월 10일 3판 4쇄 펴냄

지은이	허수경
펴낸이·편집장	윤한룡
디자인	윤려하
관리·영업	이소연
홍보	고 우

펴낸곳	(주)실천문학
등록	10-1221호(1995.10.26)
주소	남양주시 퇴계원읍 퇴계원로 52 405호
전화	02-322-2161~3
팩스	02-322-2166
홈페이지	www.silcheon.com

ⓒ 허수경, 2010

ISBN 978-89-392-0629-8 03810

이 책 내용의 전부 또는 일부를 재사용하려면
반드시 지은이와 실천문학사 양측의 동의를 받아야 합니다.

슬픔만 한 거름이 어디 있으랴

허수경

실천문학사

제1부 | 진주 저물녘

진주 저물녘	11
그믐밤	12
탈상	13
한식	15
외가	17
상여길	18
한 고개 또 한 고개 너머	19
진주초군	20
남해 공동산	21
밤 소나기	22
이춘분	23
댕기풀이	25
입맞춤	27
단칸방	28
폐병쟁이 내 사내	29
곗돈	30
둥글레꽃	31
사식을 먹으며	33
항소 이유서	34
입춘	35
지리산 감나무	37

젓갈 달이기	38
국경	39

제2부 | 원폭수첩

원폭수첩 1	43
원폭수첩 2	45
원폭수첩 3	47
원폭수첩 4	49
원폭수첩 5	51
원폭수첩 6	53
원폭수첩 7	55
남강시편 1	57
남강시편 2	58
남강시편 3	59
남강시편 4	61
남강시편 5	63

제3부 | 유배일기

달빛	67

조카 이름 같은 꽃이 68

유배일기 69

폭우 70

꽃은 71

땡볕 72

목련 73

강 74

별 노래 75

새 76

근대사 77

오래된 사진 78

스승의 구두 79

진주 아리랑 81

국립 경상대학교 83

잠을 깨는 이 겨울 85

대평 무밭 88

할리우드 89

제4부 | 조선식 회상

우리들은 지방도시 근교에서 살고 93

그렇지만 우리는 94

아버지, 나는 돌아갈 집이 없어요	95
이상하다 왜 이리 조용하지	97
먼 그림자 끌고	99
아버지와 얘기를 나눌 만큼	101
나는 스물넷, 아버지	103
조선식 회상 1	104
조선식 회상 2	105
조선식 회상 3	106
조선식 회상 4	108
조선식 회상 5	109
조선식 회상 6	111
조선식 회상 7	114
조선식 회상 8	116
조선식 회상 9	118
조선식 회상 10	121
조선식 회상 11	122
조선식 회상 12	124
조선식 회상 13	125
조선식 회상 14	127
우리는 같은 지붕 아래 사는가 1	129
우리는 같은 지붕 아래 사는가 2	131
우리는 같은 지붕 아래 사는가 3	133
우리는 같은 지붕 아래 사는가 4	135

해설 송기원 139

초판 시인의 말 149
개정판 시인의 말 150

제1부 진주 저물녘

진주 저물녘

 기다림이사 천년 같제 날이 저물세라 강바람 눈에 그리메 지며 귓불 붉콰하게 망경산 오르면 잇몸 드러내고 휘모리로 감겨가는 물결아 지겹도록 정이 든 고향 찾아올 이 없는 고향
 문디 같아 반푼이 같아서 기다림으로 너른 강에 불씨 재우는 남녘 가시나
 주막이라도 차릴거나
 승냥이와 싸우다 온 이녁들 살붙이보다 헌칠한 이녁들
 거두어나지고
 밤꽃처럼 후두둑 피어나지고

그믐밤

여게가 친정인가 저승인가 괴춤 전대 털리고 은비녀도 빼앗기고 댓가지로 머리 쪽찌고 막걸리 담뱃잎 쩔어 미친 달빛 눈꼬리에 돋아 허연 소곰밭 머리에 이운 곰보 고모가 삭정이 가죽만 남은 가슴 풀어헤치며 6·25 이후 빼앗길 것 몽땅 빼앗긴 친정에 왔는데 기제사 때 맞춰 왔는데 쑥대밭 쇠뜨기도곤 무성한 만단정회여 고모는 어느녘에서 이다지도 온전히 빼앗겼을거나 빼앗김만이 넉넉한 빼앗김만이 남아 귀신 보전하기 좋은 우리집이여.

탈상

내일은 탈상
오늘은 고추모를 옮긴다.

홀아비 꽃대 우거진 산기슭에서
바람이 내려와
어린 모를 흔들 때

막 옮기기 끝낸 고추밭에
편편이 몸을 누인 슬픔이
아랫도리 서로 묶으며
고추모 사이로 쓰러진다.

슬픔만 한 거름이 어디 있으랴

남녘땅 고추밭
햇빛에 몸을 말릴 적

떠난 사람 자리가 썩는다

붉은 고추가 익는다

한식

산 사람이 죽은 사람의 안부를 묻습니다.

살아 세운 허술한 집보다
단정한 햇살이 결 고운
식솔 거느리고 먼저 앉았는데

먼 산 가차운 산
무더기째 가슴을 포개고 앉은
무심한 산만큼도 벗하고 싶지 않아
우리보다 무덤이 더 할 말이 없습니다

아주 오래전 이승사람일 적
우리만큼 미련퉁이었을
그가요 살아 세운 허술한
집에서 여즉
그와 삶을 나누고 있는 우리에게요
점심밥만큼 서늘한 설움이
장한 바람에 키를 낮추는데

낫을 겨누어 베허버리는 건
누워 앉은 무덤입니다.

외가

 맏상주 외숙을 먼저 보내고 말년에 술을 배운 노친네가 키우던 돼지 새끼 달구꺼정 다 놓아보내고 악정부리 쪼아대던 박새나 두어 마리 어두우면 제집 찾아가버릴 박새나 두어 마리 대낮에만 거느리고 오늘도 댓병으로 쩔어 살짝이 문에 기대 우는 삼천포 망산의 외가 앞서간 자식에게 붙들려 고적한 노친네가 울고 있는 망산 똘배 구르는 소리에도 귀를 여는 외가에 앞뜰 가득 채송화가 지고 있네.

상여길

 옆집 앉은뱅이 총각 밤 몰래 끌려가 앉은뱅이 되어 돌아오더니 담 둘이 포개 앉은 이웃집 처자 내게 고데 말없이 소월 노래깨나 적어 보냈지 심심한 한낮 배고픈 햇발을 이고 살그머니 담장으로 전해지던 소월 노래는 이른 봄 아린 입술 들이밀던 개나리 되어 옆집 앉은뱅이 총각 상여에 가서 피었네 내 무슨 황진이라고 속곳 벗어 시린 상여 위에 얹어 두고 싶었네 진눈깨비 내리던 상여길 남몰래 눈물 흘리며
 따라가며

한 고개 또 한 고개 너머

지리산 흰 철쭉 분분히
장터목을 덮는 눈 시린 봄눈
꽃샘바람 눈발 능선 속
한 고개 또 한 고개 너머
그믐처럼 지워지는 뼛성 깊은 얼굴
붉은 계급장 버리고
낡은 계급장 버리고

내 가슴속에 살붙이로만
영판 살붙이로만

진주초군

돌아오지 않아도 불러야 할 이름 석 자
도처에 깔려 있어 시를 쓸 만한 땅
때로는 몫을 감당하지 못해 곤궁해도
즐거운 시련이 많은 땅
우린 아직 능력이 있어요 비듬보다 못한
날들을
등짝에 모진 짐처럼 지고 살아도
못나지 않은 백성입니다
한반도는 처녀지가 많아 가슴 깊이
밭갈이 한 번 해보지 못한 것 많아
현대사 산맥 넘기
이렇게 힘겨운 것뿐
우린 입성조차 변변치 못한
당당한 백성입니다

남해 공동산*

저 붉은 날
무싯날이라도 아주 저문 날
마늘밭 거뭇밭 어둠이 매캐하고
남해바다 눈먼 바다
아주 가버리면
열치마 벗어 데우 눈물 사리던 공동산
붙박이로 남아
그래 그래 남해를 떠날 수 없었던
공동산
질긴 묏부리 살키며 어둠에 불을 써는
바다 지켜보며
그래 그래 섬 그리메마다 들어앉은
빗결 좋은 과수댁 흐벅진 등줄기같이

---

* 남해 상주에 있는 산.

밤 소나기

 재실댁은 아파트 파출부 그 집 아재 김또돌 씨는 하수구 치는 일을 했제 야반도주 고향을 베린 지 어언 십여 년 하루떼기 벌이에 이골은 났지만 날이 갈수록 왜 이리 쪼그라만 드는 살림 단칸 월세방에 내외간이 딴이불 거처를 하는데 김또돌 씨 술이라도 한잔 들이켜는 날에는 이불 싸가지고 마루에 누웠제 옌장 마누라쟁이라고 암만 고달퍼도 할 일은 해야제 맨날 돌아누우니 살맛이 나 살맛이

 쓴 담배만 뻑뻑 빨다 잠이 들었는데 이쿠 소나기야 마루까지 치받고 후둑거리는 소나기 피해 우당탕탕 챙겨 방으로 들어왔는데 소나기 핑계로 들어와 누웠는데

 웬일로 재실댁이 먼저 안겨오지 않나 소나기 한번 장하데 이 이녁도 장하게 한번 들어오소 김또돌 씨 소나기처럼 황소처럼 달려들었제 임자요 섭했지예 몸이 천근 같으니 내사 우찌 살붙일 정이 나것소

 재실댁 마른 가슴 더듬다 잠이 든 김또돌 씨는 빚에 몰려 쫓겨온 고향 쩬한 고향 보리밭에 또 한 번 재실댁을 넘어뜨리는 꿈을 꾸었지러 별 숭숭 말짱한데 도시의 산동네 하루 벌이 부부

이춘분

진주내성 나무내 재인 이춘분 씨는 소화연호시대의
껙정발이 이춘분 씨는 김야수파 작은이들에게
감발비 보태주는 재미로 끼니 걸러가며
피전 쇠전 모았습니다

작은이 하나가 감발비 얻어 술을 마셨습니다
작은이 하나가 이춘분 씨 저녁을 빼앗아 마작판에 박아 넣었습니다
작은이 하나가 입성을 벗겨 안경을 맞추었습니다

김야수 두령에게는 돌아가는 것 하나 없고
이춘분 씨 깝데기만 홀랑 헐어갔습니다
무수한 작은이여 자칭 김야수파 작은이여
이춘분 씨는 자랑이었습니다

비봉산 나무들이 김야수 두령님 뒤치다꺼리 반분이라도 풀었다고
어화 무지랭이 벗님네야 이춘분 씨는

자랑으로 입담 툭툭한 겨울밤을 남새 모르게 지냈더랍니다

독립투사 할배 덕에 저잣거리 각설이로 떠돌다
옹이발 뻗치도록 아귀일을 하고도
아즉 끼니 걱정을 하는 자손들이
무덤에 메 올리고 절을 하는데

이춘분 씨, 편안한가요

댕기풀이

우물마다 노간주나무 물 긷고
가수나는 이파리 헹구었네
동구마다 성황당 금줄로 별 걸리고
별빛으로 올라가던 미루나무 가지와
밑둥에서 우러나던 별빛
몸 포개였네

어느 남정 혼을 빼어 먹어보나
여우는 산길 달빛 갈아 화장하고
어느 가수나 발뒤꿈치 미투리로 재어보나
승냥이는 갈기 세우며
달빛 옷고름을 풀었네

고운 가수나
결 매운 눈썹 설미설미
여름내 숨어 피던 방아잎으로 흘러라
고운 가수나
달하 정분난 내 남정

두덕살만큼만 차올라라
풀섶으로 눕던 이마 고운 바람과
바람 목덜미 쓸어주던 풀물로나 베여라
고운 가수나
남정아
네 떠나도 개울물 감기며 목물을 한다
떠났다 돌아오는 물소리로
남정아
네 떠나도 밤이면 속옷 갈아입고
징금다리 건너 마실 간다 남정아

마실 가면 수수밭 너인 듯 싶으게
수수꽃 이울리고
네 떠나도 새벽이면
토란잎 이슬 성긴 기운으로
면경이나 볼거나
청청한 그리메로 앵겨드는 남정아

입맞춤

 그 양반 생각만 하모 지금도 오만간장이 다 오그라붙제 무정한 양반 아니여 유정한 시절 꽃 분분 가슴살에 꽂힌 바람된통부를 꽃물 듣는 아린 날 눈뜨면 멀어질새 눈감으면 흩어질새 부러 감은 듯 마는 듯 다소곳 숨죽인 듯 화들짝 불에 데인 듯 떨며 떨며 천지간에 둘도 없이 초승달 떼구름 흰 옷고름 개켜 넣으며 설핏허니 굴참남게로 넘어가면 이년 눈이 뒤집혀 병든 애비 버려두고 꺼짐부리 살림 접어두고 고만 밤도망질 치고 말았제 무정한 양반 대처살이 모질새 애먼년 눈맞춰 나 버려두고 간 뒤 그 밤만 생각하모 불쌍한 울 아버지 쿵쿵 가래기침에 엎어지며 끓여 먹을 냄비밥 간장종지가 더 애닯데이 더 목메인데이

단칸방

신혼이라 첫날밤에도
내줄 방이 없어
어머니는 모른 척 밤마실 가고

붉은 살집 아들과 속살 고븐 며느리가
살 섞다 살 섞다
굽이 굽이야 눈물 거느릴 때

한 짐 무거운 짐
벗은 듯 하냥 없다는 듯
어머니는 밤별무리 속을 걸어

신혼부부 꿈길
알토란 같은 손자 되어 돌아올거나
곱다란 회장 저고리 손녀 되어
풀각시 꽃각시 매끄러진 댕기 달고
신혼 며느리보다
살갑게 돌아올거나

폐병쟁이 내 사내

 그 사내 내가 스물 갓 넘어 만났던 사내 몰골만 겨우 사람 꼴 갖춰 밤 어두운 길에서 만났더라면 지레 도망질이라도 쳤을 터이지만 눈매만은 미친 듯 타오르는 유월 숲속 같아 내라도 턱하니 피기침 늑막에 차오르는 물 거두어주고 싶었네
 산가시내 되어 독오른 뱀을 잡고
 백정집 칼잽이 되어 개를 잡아
 청솔가지 분질러 진국으로만 고아다가 후후 불며 먹이고 싶었네 저 미친 듯 타오르는 눈빛을 재워 선한 물같이 맛깔데인 잎차같이 눕히고 싶었네 끝내 일어서게 하고 싶었네
 그 사내 내가 스물 갓 넘어 만났던 사내
 내 할미 어미가 대처에서 돌아온 지친 남정들 머리맡 지킬 때 허벅살 선지피라도 다투어 먹인 것처럼
 어디 내 사내뿐이랴

곗돈

 농장 며느리 곗돈 떼어먹고 달아난 뒤 계꾼들 그 집시 어머니 머리채 휘둘러 쌩풀이하는데

 아이고 그 돈이 우쩐 돈인데 조석 건너뛰고 입성 홑깝데기 바투 입고 새끼들 주전부리 윽박질러 한 달 두 달 천금같이 부었는데 아이고 그 불쌍년 한 입에 털어 넣고 내 무신 정을 대고 살것노 내 발등 찍고 말제 우쩌 남편 새끼 얼굴 대면코 살것노

 그 집 시어머니 반쯤 벗겨진 치마 고쳐 입으며 머리칼 대충 만지며 마른 악 내지르는데

 내사 그 돈 구경 한 번 못해보고 며느리 잃고 내일부텀 손주새끼 거두러 돈 바꾸러 품일 가야 하는데 이년들이 와 지랄이여 할 말 있으모 달아난 년 잡아다 손톱 뽑아 놓든지 먹은 거 다부 게여 놓게 하든지 내서 턱 앞에 끼니 걱정 닥쳤는데 니년들캉 내캉은 같은 처진데 같은 처진데

 계꾼들도 주저앉고 시어머니도 주저앉고 바람도 주저앉고 시름살 겨운 살림네들이 고마 아무나 붙잡고 통곡이라도 해야 할 판 해야 할 판

둥글레꽃

우리 동네 이 서방네 소가 한 마리 살았는데예
그놈에 볼기짝은 칠팔월 신작로 애기똥 말라붙듯 비썩치만
눈 하나는 둥글레꽃 모양 벙그러졌지예

이 서방네 거덜난 살림
그놈 하나가 벙구굿 메장고인지라
아껴 일 데려가도 팍팍한 뒤평밭 쟁이다보모
둥글레꽃 눈에 백태 끼이기 예사였지예

미얀타 미얀타 내 속에 젖 담기가 백 번 낫제
니놈 눈에 백태 끼이는 거
못 보것다 못보것다

느티나무 쉴 참에 기대 쇠파리 쫓다
털 헐헐 빠져나간 꼬랑지 곧추세우며
으음메 긴 소리 한 마디 할 즈음엔
그놈 언저리에 순하디순한 둥글레꽃이

바람이란 바람 다 뭉개며

몸내를 피워대는데

와 그리 눈물바람으로 나자빠질꼬

이 서방아

사식을 먹으며

 그리 모질게 매질을 당하고도 솟증이 돋아 입탐을 하네 돼지비계 두둥실 떠 있는 순댓국이나 한 사발 가슴 녹여내며 들이켜고 싶으이 방아냄새 상긋한 개장국에 밥을 말며 장정들 틈에 끼여 앉아 주는 대로 탁주도 뿌리치지 않고 싶으이 제아무리 매질 오질토록 닥쳐봐라 내 입맛 하나 온전히 다칠 수 있으랴 두레마을의 아낙으로 살점 일구어내고 연애도 달덩이 같은 아들도 낳아

 이보시게 아들도 이녁들에게 매질당하게 키우것네

항소 이유서

우리는 자연법을 만들고 저들이 실정법을 만들었습니다 무죄 증명이여 풀대처럼 흔하게 살아오면서 개화기 이후 이 나라에 살아오면서 그 어느 누구의 신민도 아니요 그저 착한 아들딸이었습니다 가슴이 뜨거워 구린내 나는 자유를 마다한 백성이었습니다.

입춘

밤 새워 불 이운 디딜집 위로
따순 말 노잣거리 보태며
눈이 내린다

싸리울 삽짝마다 걸어둔 발뒤꿈치
바람 문풍지에 귀 대고 서면

밥도 잠도 애닯지 않고
추위의 무섬증도 저만치
도드리찬 새벽

생년 1911년
아직도 애옥처자 할머니
씨나락 베고 누분 할머니

먼 새벽잠 속으로 꾸벅이며
피투성이 사내가 걸어온다

이대도록 흩어지는 그리운 눈이파리

사람이 사는 마을

개 짖는 소리 들린다

지리산 감나무

늦가을 바람녘
비 맞은 감이 지네
남정들 썩은 삭신을 덮고
허옇게 허옇게 지리산 청마루도 흐려지는데

지리산 감나무 맨 윗가지
무신 날이 저리 붉은가
얼어붙은 하늘에 꽉 백혀 진저리치고 있는가

된똥 누다 누다
눈꼬리에 마른 눈물 달은 자식들처럼
감씨 퉤퉤 뱉다 기러기 떼
선연한 노을 끝으로 숨어버린 남정들처럼

잘못도 용서도 구할 수 없는
한반도 근대사 속을
사람 지나간 자취마다 하얗게 쏟아지는
감꽃 폭풍.

젓갈 달이기

어머니의 꿈길은 언제나 팔포 앞바다
썩어가는 굴양식장 시커먼 소금길
지리산 밤사나이 친정 오빠 거두어 태우던 삽작고개
켜켜로 내려앉은 연기로 무성하다

아무도 얼씬거리지 않는 외로운 꿈길
가슴을 비워버린 시대는 곧잘 어머니에게 말을 걸지만
아무도 모른다 왜 어머지가 젓갈을 달이는지

남지나해 습기 찬 해풍을 알 길 없는 화덕이
불을 담아 젓갈 달여 가시를 지우지만
말간 국물 속에 무엇이 되살아오는지 알 수 있을거나
그것이 때론 팔포 앞바다 썩은 굴처럼 서럽고
갓 삼십 친정 오빠
남새파도 고랑파도 팔포바다 저리도 흔한 파도길에 쓸려
영영 돌아오지 않는 1950년의 진실처럼 아린지
어머니의 꿈길로 절며 돌아오는 반도의 발효된 꿈이여

국경

　마을마다 독립군 하나 안 담은 곳 있으랴 조선땅은 그런 곳이라 허구한 날 쩌든 땅속 발바닥 실핏줄까지 쩔었다고 믿음까지 썩어지지 않을지니

　독립군 오래비 이녁이 깨금발로 가당찮게 가고자 한 곳 여기였어 기러기떼 해마다 가네 해동청 무진기상 해마다 거기로 가네

　문서로 남지 못한 청맹과니 역사여

　눈발 사무치게 뼈를 갈아내어도 국경까지 다 덮을 수 있으랴

　두엄 같은 믿음까지 갈아엎을 수 있으랴

　독립군 하나 언제나 담아왔던 조선의 마을

　두레의 황홀한 마을인데

제 2 부 원폭수첩

원폭수첩 1

버섯처럼 달아오르는 죽음의 잠 속으로 다시
성큼성큼 걸어갈 수 있다면
달아오르는 아득한 저 꽃떼 사이
은밀한 자리 있어
썩어가는 이 육신 눕힐 수 있다면

그러나 지금은
히로시마 지하부품공장
쇳가루로 날리는 식민지 백성 천대에 묻혀
조국도 동포도 외면했던 내 썩은 삭신 사이 사이
더럽게 진물 이는 고름 흐르네

죽음조차 고통스러워 고통스러워
삶은 죽음보다 더 고통스러워

아 죽을 때라도 아련히 취하여
양귀비 먹고 아련히 취하여

다시 태어나면 돌아오지 않으리

사람으로 돌아오지 않으리

식민지 백성으론 돌아오지 않으리

원폭수첩 2

밀려오는 복통으로 잠 못 이뤄 퉁퉁
부은 두 다리 주무르는
경상남도 합천군 율곡면 원폭의 밤

칠흑 같은 어둠 저 너머
소녀는 실려가고 있었습니다

히로시마 나가사키 사십만 목숨이
일거에 도륙되던 그날
번쩍이는 섬광 눈부신 불길이 오르고
그것으로 그만이었습니다

미치게 살 타는 비릿내
구역질 나는 거리
폐허의 거리를 트럭은 시체를 싣고
미쳐 숨 놓지 못한 목숨들도
마구 싣고
바다에 버리고 불로 태우고 구덩이에 묻던

원폭의 도륙보다 더 짐승 같은
도륙 속에

트럭 꽁무니에 매달려 애원하던 소녀
온몸에 불을 뒤집어쓰고
남은 숨 모두어
통곡하던 소녀
살려주세요 난 아직 안 죽었어요

학도보국대 미쓰비시 군수공장 잡역부
검은 몸뻬 목노발
검은 밥에 소금국
눈부신 꽃세월 마른버짐으로 피어나던
조선 소녀여

원폭수첩 3

경상남도 합천군 율곡면 김 씨는
외상 없이 해방된 조국으로 돌아왔고
외면했던 소녀는 히로시마에서 돌아오지 못했습니다

그 후 칠 년 뒤 원폭의 자죽은
김 씨를 덮쳐
아, 김 씨도 트럭 꽁무니에 매달려 버려지고 있었습니다
조국처럼

살려주세요 난 아직 안 죽었어요
죽을 것 같은 고통으로 몇 번을 까무라치고 배를
움켜잡고 마루로 기어나오면
칠흑 같은 어둠 저 너머
그 소녀가 실려가고 있었습니다

치료 한 번 못 받고 버림당한 김 씨의
느티나무 건너 천수답 나락처럼
꺼멓게 말라가며 외치고 있었습니다

살려주세요 난 아직 안 죽었어요

조국처럼

원폭수첩 4

피로 이어지는 천역의 삶
더 이상은
남기지 말자

두 번째 유산을 하고 쓰러질 듯 돌아오는
최 여인은 원폭켈로이더로
사지무기력증에 빠진 조국의 개망초 둑길을 걸어오는
최 여인은 다짐하고
또 다짐합니다
남기지 말자

설핏 노을이 지고
어느새 만월

한 번도 온전하게 채워보지 못한
거덜난 원폭의 자궁
태어나면 천역을 온몸에 이고
서럽게 살아야 할 아기는

에미 칼에 찔려 피투성이로 뒹굽니다
남기지 말자

용서해라
나의 자궁은 저 만월만큼 꽉 차보지 못할지니
조국이여
빼앗기기만 했던 원통한 에미의 삶과
에미한테 죽은 아기의 태어나지 않은 꿈과

원폭수첩 5

영도야
아치섬아 지질머리 푸른 섬아

히로시마 징병대 끌려가던 뱃길
원자병 치료하러 밀항하던 도둑길
이제는 밤새 어둠에 떨며 마약을 숨겨 나른다

히로뽕 은가루보다 희게 밝아오르는
간경변 속앓이보다 고통스런 새벽
뭍에 올라 주사부터 한 대 맞아야
무서움도 죄책감도 달겨드는
부산부두 후미진 곳 연락책을 찾아야
밥도 잠도 해결되는

나는야 마약 상습복용자 마약전과 2범
국제부두 부산의 유흥가에
살꽃 저문 마약을 실어나르는
제국주의 전쟁의 피해자

자본주의 가장 추악한 곳에
생존을 맡겨버린
나는야 조선 백성
더 이상 뒤로 물러날 수 없는

영도야
아치섬아
바로 그 나라 조선 백성

원폭수첩 6

오늘도 날품을 팔고
기진한 어미가 사천군 곤양면
슬레이트 지붕 아래 들어선다

원자병치레로 남편도 몸서리치며
떠난 집

스물이 지새도록 제 이름 하나
가리지 못한 원폭 배냇병신 딸은
오줌똥 범벅이 된 채 잠이 들었다

이대로는 죽을 수 없다
썩어가는 손으로 우물물을 길어
더럽혀진 속곳을 씻는다
썩어 잘려나간 손가락으로 씻는다

삼십 년 넘도록 회신이 없는 진료비 청구서처럼
무심히 떠오르는

악성종양, 달.

사천군 곤양면 슬레이트 지붕 아래
원폭 모녀는
방사능 화상반흔으로 박혀 있다

원폭수첩 7

밥을 한 숟갈 넘길 적마다
한 발짝씩 걸어 들어오는 무덤

쓸쓸한 외상을 차려
가지나물 한 젓가락 집으면
어느 뜸 딱새가 저리 아픈지

아가배 우거진 지리산에 원폭의 식구들을 묻어두고
오 오 경상도 이승밥을 나 혼자
먹는구나

불혹을 넘긴 해방산천
아직도 식민지 본국에 청구하는
백혈병 삭신을 떨치고
내일 내가 사라져갈 때

저승길조차 가로막을
식민지 군사기지 핵탄두 위로

절며 절며

원통한 별 하나 절대

지지 않을 형제별

하나

남강시편 1

　내가 나이를 먹고 또 먹고 진날 마른날 나이를 곱절씩 먹어도 나는 계집애이고 뒷산 벌거숭이 고향산은 내 동무일 뿐 세상은 꿈이 아니고 세상은 뻘밭 구덩이임을 진즉 알았어야 할 터이지만 아는 것이 전부는 아니도다 나는 계집애일 뿐 뒷산은 어릴 때 만물또랑에 빠져 죽은 내 동무일 뿐 계해년 물난리에 집도 절도 다 떠나보낸 진주의 오래되지 않은 날 뒷산일 뿐

남강시편 2

눈물 저편에 해맑게 떠오르는
새벽달을 산마다 잉태하고
우리네 산천만 목이 쉬도록 푸르런가
물소리는 공동묘지를 낮게 흐르다 돌아와
구정가리로 마른 목젖 적시는가

싸움 많아 고된 땅들아
살아 있음으로만 증거할 줄 알아

남강시편 3

사내들의 영광은 아낙들의 눈물
영광은 자궁 속에 깊이 감추어 두고
늦은 빨래를 하러 나옵니다

물살에 내맡긴 사내들의 빨래에는
땀자욱 핏자욱 황토흙도 절어 있고
북만주 흩날리는 아득한 눈발
원망과 갈망과 목놓아 소리하던
꿈도 묻어 나오지만
눈부시게 헹구고 나면
오직 그리운 눈매 유순한 눈매

이 눈매를 가지고 사내들은 칼잽이 되고
글쟁이도 되어 외진 곳에 갇히기도 하고
살아 욕됨을 뼛속에 묻어
죽어 영광되기도 하지만

심줄 굵은 아낙들의 팔목에는

개화 이후 이 나라 온갖 수난사가
강물 탯줄 실려 흘러가고 있을 뿐입니다
참아 더 이상 못 참는 날에도
소리 죽여 흐느끼며 가고 있을 뿐입니다

이 눈물 속에
개화기 이후 이 나라 굵은 산맥들이
아늑하게 깃을 치며 살아갑니다

남강시편 4

땡감나무에 땡감 열리고
유자 가지에 못생긴 유자알이
한 입 그득 제 몸내 감추지 못하는
조선땅엔 대물림 되지 않는 것 없으이

할배가 나랏님 덕에 살지 않았고
아비는 나으리 믿고 일하지 않았듯
배운 자식 독감방에서 단식깨나 하는
이 천지 대물림 내력이사 연원이 깊제

아비야, 내일 쑥떡 좀 해라 그놈 속이 허하면
싸우지도 못한다.
참 아버지도, 손주 닮아가나 싸움은 뭔 싸움.

떡봇짐 하나 쥐고 늙은 부자가
강을 건너면
어려운 굽이 휘돌아 넘어가던 물결 속엔
토실한 햇살이 몸을 섞고 있어

이것도 내력이제
힘들수록 팽팽하게 당겨지는
맑은 강물의 정수리여
살아온 사람의 내력이 되는 거제

남강시편 5

보소 어매 이제는 가야 할랑갑다
야야 내는 못 가것다 내 가면
나락 아침가리 뉘가 하고 남새밭
지랑풀은 어느 손이 뽑노
니 애비 무덤은 누가 돌보고
초가 노래기는 뉘 쓸랑고

반타작 보상금 괴춤에 지니고 낡은 전대에 곡식씨앗 챙기고
　근대화에 밀려 윗대 어른 누운 터도 건사 못 한 죄인들이
새벽참 저분대며 쑥대머리 길갈이하고 난 뒤
　귀곡동은 잠기고 남강댐이 솟아올랐습니다
　남강 들머리는 사백육십 리라지요
　죄인들은 천릿길을 걸어 어느 도시 변두리에 살고 있습니다
　지금까지

제3부　유배일기

달빛

  부르는 소리로 저리도 청랑하게 흐를 수 있는 세상은 두렵습니다 아름다워진 것이 겁나고 오밀조밀하게 색칠 한 것이 화장독 오른 계집 아침 분세수 세모시 옷깃 새로 페니실린 냄새가 납니다

  물결같이 이를 악물고 바스라지기도 하지만 아래에 서면 빛나고 싶어 두려워집니다

  희끗희끗 칼금 그으며 지나는 바람이 나뭇잎 수척한 얼굴에 계절 굽이지는 길을 만들고 그 길 위에 내려앉아 우수수 몸을 떨지만 거미줄은 은빛으로 빛나도 나비는 거미에게 먹히고 불러세워 뒤돌아보아도 나는

  몇 광년 후에야 보는 별빛으로 먼데요

조카 이름 같은 꽃이

 백일을 갓 지난 조카의 이름 같은 꽃 잔설이 선밥처럼 쭈빗거리는 야산 둔덕에 피었습니다
 제 어미 빈 젖같이 아직 찬 햇살을 받고 일찍 피어 있었습니다
 혈육 같은 꽃 속으로 들어가
 얼른 봄이 되고 싶었습니다
 꽉 찬 젖을 맘껏 빨리고 싶었습니다

유배일기

안개의 쓸쓸한 살 속에 어깨를 담그네
유배지의 등불 젖은 가슴에 기대면
젊은 새벽은 이다지도 불편하고
뿌리 뽑힌 꿈의 신경이
막막한 어둠 속에서 부서지네

그러나 우리는
우리가 가장 그리워
쫓아낸 자의 어머니가 될 때까지
이 목숨 빨아 희게 입을 때까지

폭우

젖은 강이 흐르네
비의 육질(肉質) 속으로
제 뿌리 뽑힌 풀
구석구석 어둠 떨어내며
외발로 따라 나서네
강이 솔직해지네
풀은 제 뿌리 씻고 따라 나서네
흙에 젖은 눈썹 떨며
세상은 태어나는 목숨들로 자욱하네

꽃은

어쩔거리는 한나절
꽃은
왜 피나 토하듯 꽃은
왜 줄을 짓지 않고 피나
여러 겹으로 앉지도
서지도 않고 엉거주춤 피나
한가운데서 피지 않고 저희들끼리
엉기듯 피고 있나 왜 변방에서만
피고 있나 꽃은
시든 풀로 꺾여진 봄날의 기침과 가래로
꽃 아닌 것처럼 피고 있나
일찍 지는 불같은 꽃
늦게 살아나 지천으로 불타는 꽃
나비야 날지 말고 걸어서 오렴

땡볕

소나무는 제 사투리로 말하고
콩밭 콩꽃 제 사투리로 흔드는 대궁이
김 매는 울 엄니 무슨 사투리로 일하나
김 매는 울 올케 사투리로 몸을 터는 흙덩이

울 엄니 지고 가는 소쿠리에
출렁출렁 사투리 넌출
울 올케 사투리 정갈함이란
갈천 조약돌 이빨 같아야

목련

구정물에 손 담그면
하릴없이 저무는 저녁
관절염 절룩이며 이는 바람이
쉬엄쉬엄 뜨락으로 나서고
당신의 발자욱마다 흩날리는 목련은
바람 부는 한 생애를 빚네

어머니, 봄이 갑니다.

강

강은 꿈이었다
너무 먼 저편

탯줄은 강에 띄워 보내고
간간이 강풍에 진저리치며
나는 자랐다

내가 자라 강을 건너게 되었을 때
강저편보다 더 먼 나를
건너온 쪽에 남겨두었다

어느 하구 모래톱에 묻힌 나의
배냇기억처럼

별 노래

 작은 사과나무를 돌보는 아버지 옆에 서면 사과나무 꽃 입술이 흙 가장 보드라운 살에 떨어져 분홍 웃음소리. 아버지는 꺼멓게 말라가는 속잎을 따내면서 "애야 일찍 들어온 나 처녀애들 밤길은 위험하니라" 전지가위에 잘려 나간 곁가지를 주워 담을 때 본 근육통으로 부어오던 아버지의 손등. "밤길 어둡다고 바래다 주는 사람이 있는걸요" 물뿌리개에서 햇살이 번져 올랐습니다.

새

  젖은 발가락으로 꿈을 꾼다 무거운 흙 속에서도 꼼지락거리며 꿈은 사랑과 같이 스며들어 자유로 다시 선다
  잠 속에서도 자유하지 못하는 한낱 남루보다 못한 깃발
  꿈은 하늘이 되고 땅이 되고 숟가락처럼 가지런히 버티고 선다 이렇게 아래에서 꿈꾸는 것들이 자식을 기른다 천년을 버티고 역사를 세운다

근대사

입술만큼 여린 게 없다
우리가 그대들의 가슴을 짓이겨 놓았다
뜬눈으로 밤을 새운다
멀리 새벽은 우리가 아프게 한
그대들의 가슴에 걸려 있고
우리는 새벽달 되어 그 가슴에
떠다닌다.

용서해다오.
안 된다.

오래된 사진

오늘도 할아버지는 골방에서 웃고 있다
젊은 날 아버지 배추꽃 핀 여름날을 쉬지 않고 웃고 있다
우리는 무청 시래기를 무치며 시금칫국을 끓이며 아침상을 물리고
시장 어느 상가에서 사온 외투를 입고 어디론가 총총히 드나들고
오늘도 골방에 감춰질 이들은 바람처럼 자지 않고
아버지의 땡볕으로 다가간다
할아버지 중절모 위에서 웃고 있다

스승의 구두

구두는 쉴 새 없이 낡아가고
장대동 중앙시장에는 새 상가가 들어섰다
어깨에 묻어오는 오늘의 피곤이
이십 년은 족히 넘은 스승의 서재에서
먼지로 앉고
스승은 넥타이를 푼다

새로 산 책을 넘긴다
스승은 새로운 학문을 수용하고 도시를 다스리는 정의론과
인권론과 형평론을 안경 너머로 바라본다
눈을 부빈다

잠자리에 들어서도 스승은 낡아가고
구두는 현관에서 낡아가지만
내일도 장대동 중앙시장
새로 선 상가를 지나
하룻밤새 또 건물을 지은
도시의 길을 밟을 것이다

스승은 낡은 구두처럼
새 것으로 바뀌지 않는다
그러나 새롭게 등장하는 것들을 어깨에 짊어지고
스승이 낡아가는 것인가
새로운 모습으로 다가오는 모든 것들이
훨씬은 더 먼저 낡아갈 것인가

진주 아리랑

오고 있네 오고 있네
불씨 빼앗긴 마음에도 그리븐 청청한 눈물
대가야적 말발굽 소리로 오고 있네
인두질로 꼭꼭 다진 금관가야
깨어진 흙그릇에 사금지는 달빛으로 오고 있네
고령가야 벗은 산맥마다
본가야 소가야적 여울물 젖살로 오고 있네
아리랑 참빗결대로
스리랑 옷고름 무너지는 기척
비때죽꽃 서리 내려
가야아낙 아라리요
남정 뼈끝에서 새살 돋는
아리랑 아리랑 아라리요
남정 비켜 찬 허리춤치 칼집에선
신라의 호적이 우는데
아낙 은장도는 떨려 떨려 우는데
아리랑 산고개마다 불씨 지키던
스리랑 숨살로 뻗어오던 바람이

못 살아 못 살아 타령으로 젖다가
남정 윗저고리 땀내
그리븐 불씨로 포개져서 빛나네
어쩔거나
가야아낙 인두 끝으로
꼭 꼭 눌러 삭히는 옛사랑 아리랑은
어쩔거나 어쩔거나
사람이여

국립 경상대학교

철길 위로 남도발(南道發) 완행열차가 떠가는 곳
나는 이 천국에서 사 년을 살았네 실은
사십 년 사백 년을 살았네

천년 동안 농부인 아버지
만년 동안 농부의 아낙인 어머니
한 번도 나를 원망하지 않았네

보리금에서 환전된 등록금
영농자금에서 살을 발겨낸 자취비
이 신성한 땅에 꼬박꼬박 챙겨 넣으며

대가 없는 땀과 역사 속에
대가 있는 철창과 현실 속에
취직은 진리보다 멀고 진리는
내 살붙이들의 뼈를 갈았네

나도

그들도
국립 경상대학교도
한반도 현대사 아픔의 한귀퉁이에 따로 서서

때로는 지리산처럼 눈물로 지워지고
산월 임박한 달이 되어
남해파도로 무성해졌네

논도 되고 밭도 되는 진리는 없을거나

그것이 우리들의 상처가 되었네
오랫동안 지워지지 않을 거네

잠을 깨는 이 겨울

1

다들 떠났다
미역짐을 꾸리던 동이삼촌이 떠나고
고방의 누이 들병이 망신살이 뻗쳤는가
진눈깨비 미친 듯이 떠다니는
이 겨울 풍토병
얼음의 시퍼런 발바닥으로 다 밟아낼 수 없었다

새벽이면 어김없이 코피를 쏟고
놋대야 떠다니는 별의 튼 속살과 몸 섞는 피멍울
성주신이 차고 누운 새벽달이야,
머리에 하나씩 검불을 꽂고
구름 뒤에 자꾸만 몸을 숨겼다

장독이 얼어터진다 덜 마른 시래기 까부라진다 와지끈 넘어지는 서까래 목돈을 센다 침을 묻혀가며 돈이 쓰러진다 비닐 몇 마리와 연탄난로로 달달 떠는 들판에 머리 센 잡풀

자빠진다

　내도 몰라

　보릿고개 허기진 손톱에 살이 차이고 미루나무 아랫도리는 새롭게 죽어 신문지 뭉텅거려 막아논 문틈 새로 어둠 끼이는데

　내도 몰라 바람의 비닐옷 찢기면 들판에서부터 문지방을 넘어오는 허옇게 타들어간 밤, 어떤 밤을 두들겨 들판에 서게 하나

　내도 몰라 모른다

2

낫을 갈면 내리는 눈
숫돌의 볼부빔으로 녹아내리는 눈
두 발바닥 패인 곳에는 쌓이지 않는 눈
죽음 거두기 익숙한 손에는 내리지 않는 눈
서리 맞은 김장배추 헐값으로 넘기는 눈물에는 녹지 않는 눈
말귀 일찍 트인 보리순의 갈매 입술을 문드러지게 하는 바

람의 고쟁이에만 채이는 눈

  오 오 보리밟기 끝난 낮술과 휑한 감나무 가지에만 얹혀서 그렇게 턱없이 퍼붓던 눈

  낫 갈기 멈추면 세워진 날 끝에 사그랑사그랑 잘리는 눈

  눈

대평 무밭

무꽃 출렁이네
가디러 거디러 살진 다리 포개며
땅 속 무들은 얼마나 실할거나

먹성 좋은 아이들은
이 빠진 흙주발 빗살무늬로 날아오르고
갈 돌에 부수어진 햇살로
부시게 몸을 터는데
모지랭이 억센 갈기를 치며
휘여휘여 달려가는 대평 무밭

아이들과 무가 함께 자라는 나라
가을로 익어가는 가난한 눈물이
무와 함께 씹히는 아린 내 나라

할리우드

미드웨이 호에서 이제 막 도착한 영웅들은
미국 유수의 군수공장 할리우드에서 각종 신무기를 지니고 도착한 영웅들은

현대식 미학과 적당한 눈물
가자 할리우드로 달콤한 잠이 있는 곳
금발의 어머니들이 무지랭이 비듬을 털어주는 곳

현대식 정의와 적정 수준의 침략
가자 할리우드로 오래전에 그곳으로 갔던 우리의 조상이
인디언 보호구역에서 낡아빠진 타악기 매만지며 쓸쓸히
사라져간 용사의 별을 헤는 곳

현대식 취미와 고상한 식탁
가자 할리우드로 버터로 볶은 사랑과 양파국 같은 결혼이
있는 곳
간편한 죽음과 스테이크가 보장되는 무덤이 있는 곳

우리는 떼지어 그 무덤 속으로 기어 들어갔습니다

무덤 속에 부는 바람

아무도 쳐다보지 않는 민둥산 초승달이여

제4부 조선식 회상

우리들은 지방도시 근교에서 살고

 지방도시 근교에는 비닐 하우스마다 한 개씩의 태양이 이글거리고 황화철로 삭아내리는 강과 공장과 사람은 살지 않으나 도시를 먹여살리느라 죽어가는 도시 근교가 있습니다

 수은납과 생물학적 산소요구량이 공존하는 곳
 선거관리위원회가 있고 예비군 본부가 있고 주민등록을 옮겨간 사람들의 빈집이 있는 곳

 여기는 가야터였고 난생(卵生)인 우리들은 불임인 채 행정구역 안에서 아버지는 수시로 도로교통법을 어기며 나는 수시로 유언비어를 퍼뜨리며
 해명되지 않는 식물들과 곤충들이 자라고
 아버지와 나는
 살고 있습니다

그렇지만 우리는

시민으로서 행복했던 적이 없는
나의 아버지로서 언제나
행복한 아버지여

나는 시민으로서 행복을 회복하기 위하여 젊고
당신은 아버지로서 행복하기 위하여
늙어갑니다

세월의 잔뿌리를 털어
서툰 표본을 해두고

해 어스름에 커피를 마시는 아버지
해 어스름에 유인물을 쓰는 나는
우리는 그렇지만
어떻게 만나게 될까요

아버지, 나는 돌아갈 집이 없어요

당신은 당신의 집으로 돌아갔고
돌아갈 집이 없는 나는
모두의 집을 찾아 나섭니다

밤별에는 집이 없어요
구름 무지개 꽃잎에는 우리의
집이 없어요 나는 아버지가 돌아간
집에는 살 수 없는 것
세월이 가슴에 깊은 웅덩이로 엉겨 있듯
당연한 것입니다

전쟁을 겪어 불행한 세대와
전쟁을 겪지 않아 불행한 세대가
세월의 깃을 재우는 일조차 다른 것
그래서 나는 돌아갈 집이 없어요

배고픈 어미가 아이를 낳고 기르는
땅을 가로질러

함께 일을 하고 밥을 먹고 함께 노래를 하고 꿈을 꾸고

아버지 나는 갑니다
모두의 집을 찾아 칼을 들고
눈물 재우며

이상하다 왜 이리 조용하지

감꽃이 질 무렵 봄비는 적막처럼 내렸다

감꽃 천지
군화 발자욱이 그 위를 덮친다

집집마다 아픈 아이들
가위 눌린 잠 속으로 감꽃은
폭풍처럼 휩쓸고 다닌다

어린 살 속에 시린 날을 세우고
발진처럼 불거져 내리는 감꽃

대문 두드리는 소리
비명 소리
미친 듯 떨어지는 감꽃 꼭지
그 위에 적막처럼 봄비가 내린다

날이 밝으면

왜 이리 조용하지 이상하다
아버지는 쓴 입 속으로 물을 넘긴다

먼 둔덕 애장터
오지 사금파리가 아리게 반짝이고
어른들은 화전을 부친다
오미자 물을 우려낸다

이상하다, 왜 이리 조용하지.

먼 그림자 끌고

아버지의 아버지는 아버지를 데리고 보통학교 오학년 아들을 데리고
집으로 돌아온다 소화 15년

이슥토록 이마에 꽃불을 인 봄은
드믄새 드믄새 저물어간다

석탄차는 신작로 따라 더디게
아버지는 아들보다 더디게
집으로 돌아온다 소화 15년

데워진 청주로 스며드는 봄밤이 눈가에 차이니
아버지의 아버지
청춘이 봄이 가고 있는가

엄부된 마음자리는 작은이의 뒤태조차 다스려
사뭇 숫기가 덕석몰이 깐 짚풀 같으니
이놈에 암상을 좋이 어디다 벼리랴

아버지의 아버지는
젖은 눈으로 아들을 본다

무엇도 예감할 수 없는
대처의 어두운 소문 곁으로
진달래 꽃빰 이울드끼 귓불이 밝은 보통학교 오학년 학동
돌아갈 집보다 더 멀기만 한 시대 소화 15년

아버지와 애기를 나눌 만큼

딸은 눈이 퉁퉁 부어 돌아왔다
왜냐고 물어도 울기만 할 뿐이었다

영부인이 죽었어. 총에 맞아. 우리는 수업을 중단하고
분향소에 갔어. 차례로 줄을 지어 절을 했어. 선생님들이
우리를 데려가서 절을 시켰어.

"목련 같은 자대를 원수의 총 앞에 던지시고
이 민족을 위해 돌아가신 분"

선생님은 얘기했어. 우리는 죄 지은 사람처럼 고개를
숙여야 했어. 아. 배가 아파.
아랫도리에 불덩이가 치밀고 뭔지 모를 통증이
머리칼까지 곤두서게 했어.
이게 뭐지. 이게.

아내는 팥밥을 짓고 광목개짐을 내놓았다

비릿한 핏내를 담은 채
막무가내 도리질하던 딸이
잠자리에 들 즈음

아버지는 보았다
처녀좌의 별들이 딸의 머리맡에 내려앉는 것을
그것 참

시대여 그대는 얼마나 수상하냐
딸은 성년이 되었고 그대가 기웃거려주지 않을 동안
계절은 수없이 다녀갔다. 별. 활화산.

나는 스물넷, 아버지

 전쟁을 겪고 실업자로 떠돌다 전쟁 전부터 아는 여인과 혼인을 하고 자식을 낳고 기르고 이제는 진물 이는 눈가로 무덤이 떠오른다
 조국이여, 나의 아버지에게 이름 석 자 등기된 한 뼘의 땅이라도 허락해다오
 흔하게 늙어온 가난한 한 남자가
 지금까지 착하게 살고 있다

조선식 회상 1

 목도꾼 칠팔이 목청 맞추어 내 양식 내 어깨로 식민지 기차에 실어보내는 해 어스름 어기야 여차 목도세랴 녀게 가면 순사새끼 져게 오면 자식새끼 어기야 여차 목도세랴 낮술에 불콰해진 산미증산 깃발 펄럭이며 기차는 가고 먼발치로 심심파적타가 철길을 따라 호두알 굴리며 돌아오는 맥고모자 아버지의 아버지

조선식 회상 2

그를 아는가

진주 옥봉골 한량에다 독립투사 군자금을 대주던
그를.
낮에는 일인의 등을 쳐서 지전을 부리고
밤에는 남몰래 밤손님을 맞아 지전꾸러미를 건네주던
그를.
낮에는 일인들과 어불려
조선사람 마빡을 쥐어박고
밤에는 북간도 잔설 묻혀 오던
남루한 조선사람 등을 감싸 쥐던
그를.

그를 아는가 아버지여
서로 아랫도리가 묶여져
백 번을 도리질해도 남이 아닌
그를.

조선식 회상 3

기미가요가 울리고 아버지는 경례를 올린다
일장기가 올라가고 아버지는 부동자세로 선다
학병징집의 깃발 나부끼는 신시가지를 지나
빈 도시락을 절렁거리는
아버지는 진주중학 2학년

천황시대의 기발할 연애법과 전후파 작가들의 기괴한
행위를 토론하다가
다다미 하숙집 옥꼬시로 군입질을 하는
식민지 사춘기 소년들의 저녁 무렵

'붉은 승려
김야수파(金若水派) 행동대원들의 가열찬 반제투쟁'

선배들은 가만가만 속삭였다
내일이면 학병으로 떠나야 하는데
시간이 없는 그들은
언제나 충분히 말해주지 못한다

후에 지리산 구빨치가 될 소년
불행한 혁명군으로 한강을 넘거나
소도시 무명의 훈장이 될 소년

저녁 무렵
목련 살점 떨구는 어스름에
묵혀논 매실주로 건배하던 식민지 남자들은
동향끼리 혹은 한성(姓)바지끼리
제각기 선술집을 찾아 나서고

떨어져 나온 아버지는
골목길에서 화들짝 놀란다

왜 그림자가 나의 뒷모습을 바라보지

조선식 회상 4

해방이 되자 밤의 일은 공개되지 않고
낮의 일은 공개되었다 해방이 되자
낮의 일도 잊혀지고 해방이 되자
낮의 일도 밤의 일도 잊혀지고
다시 낮에는

옥봉골 기생 치마폭에 밭문서를 담아주고
우익 경찰서장을 만나고 밤에는
인민위원회 청년위원장을 만났다

그를 무엇이라 부를 것인가
전쟁 나기 전해
종신하는 아들을 앞에 두고도
끝내 당신의 삶을
고백하지 않았던 그를

길은 아무 데나 뻗어 있지 않고
나의 할아버지여 아버지여

조선식 회상 5

고양이가 밤새 애기 울음소리를 내고
채권자들은 사랑방에서 선잠을 잔다

아버지!
아버지의 아버지를 아버지가 부른다
채무자의 아들이 막막한 어둠 속에 앉아 부른다

경찰서장은 개인적인 빚 청년동맹위원장은 공적인 빚
기생집 술도가 나무조합
전당포 상여도가의 종이꽃값까지
사랑방을 차고 앉았다

아버지 그리도 명분 없이 살다 가셨나요
조선사람 것이라곤 똥거름이라도 값을 치르던
아버지

산천은 아버지에게 내내 빚돈 내주고
한 번도 받은 적 없으니

이 쓸쓸한 빚잔치는
조선 산천에 대고 할랍니다

우리에게 유일하게 채무이행을 주장할 수 있는
조선의 산천

조선식 회상 6

불볕을 펄럭이며 돌이 날아온다

삽시간에 두 패로 나뉘고
늘 그랬던 것처럼
시비의 발단은 모래바람 속에 흩어지고

마르크스레닌연구회가 돌에 맞는다
대동청년단이 돌에 맞는다
사람이 돌에 맞는다

마르크스레닌연구회의 철가시들이
대동청년단의 불침들이
사람들이

사람들이 돌을 던지고 사람들이 맞는다
피를 흘린다
무죄한 이마가 깨지고
유죄한 이념이 쓰러진다

검은 학생화가 벗겨지고
검은 교복이 찢겨지고 드문 올 광목 속곳이
발겨지고 맨살이 드러난다

맨살 위로 돌이 날아온다
튀어오르는 돌 위로
불행이 질긴 햇살로 퍼진다

동향의 죽마고우가 엇갈려
날아오르는 돌 속에
황홀한 미움 속에

돌아올 수 없는 눈빛
저 아우성

아버지는 돌을 집어든다
아버지의 발등에 꽂히는 돌, 피가 흐르고

땅을 적신다

불볕 속에 피를 먹으며
땅이 갈라진다

조선식 회상 7

고운 누이
편모 슬하의 누이
초례청에 들이밀고 배꽃은 지는데
훈풍 속에 번지는 눈물

시절은 수상한 동란 전해
영영 볼 수 없을 누이는
동란 전해 떠나고

이 민족 기일(忌日)이 제일 흔한 해
그 새해 밝아올 무렵
나도 떠나고

이승에서 볼 수 없는 배꽃 진
산길 메녘에
낯선 군용트럭 낮은 포복으로 지나가는데

흙물져 아려오는 마음속으로

짙게 깔려오는

수상한 동란 전해

조선식 회상 8

그들은 하나씩 교정에서 사라졌다 해방조국의 애옥살이 대학에서 두툼한 적색 양피지 캐피탈을 옆에 끼고 목마른 술을 들이켜던 그들은

—월북을 하고 조국을 찾아
 북로당 입당 서두르며

—남로당 잔류로 계속 남아
 여수 순천 구례 산청 지리산 구빨치 그들

—만주 군관학교 선배 연줄로 수도의 경비를 맡고
 구빨치 소탕 유격대로 선발되던 그들

적산가옥 자취집에 수제비가 끓는 밤
부끄러운 국물 들이켠다
부끄러운 건더기 건져 먹는다

내가 무엇을 선택하든

살아 숨 쉬는 것으로만 나를 인정해다오
불행한 우리들아 자연의 법으로
나를

나의 정직은 어떤 별에도 걸리지 않는다

조선식 회상 9

전쟁은 아름다운 청년들 곁으로 묻어 들어왔습니다 적산가옥 지하 독서서클에도 명동파 고전 찻집에도 학비 대어주던 신생독립국 개발지 채석장 등짐에도 연인들에게도 투사들에게도 세포조직 연락원의 불안한 아침상 위에도

세 청년이 있었습니다
지금까지 이 나라 수도인 서울은
그때도 이 나라 수도였던 서울은
경상도 진주가 고향인 청년들의 이상 속에 제각기 다른 삶의 질서를 구겨넣었습니다 스물 남짓의 청년들에게 재빨리 다가와 삶을 결정하게 하였습니다

나는 이 민족의 해방, 제국주의자로부터 이 민족을 자유케 하는 인민해방전선으로 간다 지금 남조선의 군대는 미제국주의자를 앞장세워 반쪽만 남은 우리들의 조국을 침략하고 있다 가증스러운 제국주의자들의 더러운 군홧발로부터 인민을 구해내고 해방조선을 건설해야 한다 인민민주주의 만세! 해방조선 만세!

나는 분쟁과 반역만을 일삼는 공산주의자 무모한 도발을 획책하는 붉은 군대로부터 이 민족을 건지기 위해 국군으로 간다 모든 전선에서 그들의 씨조차 말려놓지 않으면 조국은 적화를 당하게 된다 자유진영의 모든 우방들, 이 세계의 인도적인 모든 국가들이 우리를 도울 것이다

 달이 떴습니다
 어두운 그림자가 가까운 포성 속에 흩어져 갔습니다

 자네는 어디로 가지?
 나,
 나는 집으로 간다

 그리고 세 청년은 각기 길을 떠났습니다 요시다 겐지로* 전집이 세 청년의 봇짐 속에 무거운 몸을 뒤척이고 있었습니

---

* 요시다 겐지로(吉田絃三郎, 1886~1956) : 일본의 소설가, 극작가, 수필가.

다 1950년. 7월 초순. 서울. 남산.

   그가 나의 아버지입니다
   집으로 돌아온 청년의 어깨를 안마하는 내가
   그의 딸입니다

조선식 회상 10

아버지는 부산 제일(第一) 부두
일당 칠백 환 가대기로 등줄기가
피 터져 흐른다

흑인병사의 채찍
조선에서 태어난 것이 죄라고 한다

사형이 집행되던 날
산청에서 잡혀온 빨치 한 명

윗도리 나눠 입던 급우 한 명
럭키 스트라익 한 개비

깨닫지 않으리라
우리들의 불행한 전쟁 후를

조선식 회상 11

고아들의 머리를 깎인다
DDT를 뿌린다
살충제 너머로 서캐처럼 일어나는
피난민 집단 거주지

아버지는 꿈 속에서 다니엘 다류를 만난다
무도회 장갑을 벗어버린 그녀의
속눈썹을 만난다 때로는
채플린의 지팡이를 만난다

고아들은 꿀꿀이죽 배급을 타러 떼지어 가고
아버지는 배고픔을 만난다

다니엘 다류는 안남미(安南米)
채플린의 지팡이는 시레이션이 되어
아버지의 꿈을 억류하고 있다

고아들이 몰려온다 부수수 살충제를 달고

국방색 반바지 속의 고아들이
핏줄 바깥의 자식들이

너희들은 부모를 잃었느냐
나는 무엇을 잃었느냐

어깨를 들먹이며 아버지는 운다
가버린 친구들과 그들의 자식을 안고
피난민 집단 거주지
배고픈 사내가 운다

조선식 회상 12

아이들은 계속 태어납니다
피와 물로 엉긴 몸뚱어리를 세상에 들이밀며
울어댑니다 어머니는
혼수상태

바람은 계절따라 불어대고 꽃 피고 열매 거두는
평범한 들판으로
한 남자가 걸어갑니다

미역꼬리를 괴춤에 달고 휘파람 낮게 불며

아아아 버어어 지이이

신생아는 사람의 말이 아니라
자연의 말로 그를 부릅니다

세상은 고요하고 더없이 평화롭도다
그러나

조선식 회상 13

전쟁 후 십여 년 동안 떠돌아다닌
병역기피자 출신 로맨티스트여

엉클톰스캐빈 자욱한 담배연기
김샌 한 조끼 맥주를 적시면
미국 구호물자 통 큰 바지 속
무릎이 아려오네

미제 분유통을 옆구리에 끼고
어둠에 지워지는 골목길 들어서면
당신의 갓난아기보다 더 작은
아이가 껌 한 통 내밀다
도망칩니다
넘어졌다 일어서서 무릎을 털며
아무렇지 않은 듯 뛰어갑니다

당신이 젊음의 온쪽을 낯선 곳에서 잃어버리고 난
십여 년 뒤에 나는 태어났고

가슴을 먹어치우는 낡은 휴머니즘보다

더 낡은 포대기에서

나는 태어났고

조선식 회상 14

실업자　　　　—건설—
실업자의 아내　—전쟁—
실업자의 딸　　—폐허—

 우리는 대한민국 국민이고 우익정부가 총칼로 진압하는 꿈의 소유자이고 가난의 소유자이기도 합니다
 우리는 언 방에서 부둥켜 잠자고 자리끼 대신 낯선 자의 방문을 받습니다

 사상불온자
 사상불온자의 아내 봇짐 옷장수
 사상불온자와 봇짐 옷장수의 횟배 앓는 딸

 대한민국은 근대화가 한창이고 재건이 날을 더하고 젊은 정치가가 망명하고 세월이 가고
 아버지가 돌아왔을 때

 아내와 딸은 늙어 있었습니다

경부고속도로를 달려온 아버지는
오랫동안 누워 있었습니다

우리는 같은 지붕 아래 사는가 1

굴원을 밤새워 읽는 아버지
주석을 달며 1980년대 초사의 주석을 달며
쉰 가웃 너머 세월의 깃을 재우는 아버지

목숨이야 본디 정해진 것인데
누가 만나고 헤어짐을 뜻대로 하랴*

동정호 노을 곁으로 비애 곁으로
1980년대 제조된 술병 곁으로 다가서는
아버지

나도 주석을 단다 한 사람 독일인의
냉철함 곁으로 명증한 논증 곁으로
잉여가치율에 대한 정식과 노동착취율에
1980년대 식으로
주석을 달며

---

* 固人命兮有當 熟離合兮可爲 : 굴원(屈原)의 『초사(楚辭)』에서 인용.

애야 밤이 깊었다 자야 한다
아버지 깨어 있어야 해요 정치적으로
새벽을 기다리면 고양된 정치의식을 가진
새벽이 도둑처럼 밤처럼
손님처럼 와요

우리가 손님을 기다리느냐 우리 삶에
언제나 손님을 기다려야 하느냐

지금 우리는 자야 하고 고금 이래로
모든 인간은 자야
생산을 했고 본원적 축적 이래로
당연한 것은 당연히 이루어졌나니

밤새워 굴원을 만난 아버지 밤새워
1980년대를 밤새워

우리는 같은 지붕 아래 사는가 2

귀갓길 골목길에서 아버지를 만난다
나도 아버지도 술에 취해 있다

아버지 미국이 우리의 숨통을 조여요
얘야 월급을 다 못 타왔다

아버지 군부독재가 우리의 먹을 양식을 빼앗아가요
얘야 너의 어머니 관절염은 어쩌지

아버지 분노가 눈 앞을 막아요
그들이 몰려와 동료들을 개처럼 끌고 갔어요
얘야 숱한 동료들이 사라져간다
나는 쓸쓸하다 다만
무력할 뿐 무력한 세계에서
건강할 뿐

대문을 연다
다녀왔습니다

골목길에 그림자를 남겨두고
아버지는 장년의 그림자를
나는 청년의 그림자를

그리하여 우리는 불안하다
집으로 돌아왔음에도 자꾸

우리는 같은 지붕 아래 사는가 3

아버지는 불심검문을 당하지 않는다
나는 속주머니까지 거리에서 공개당한다

사복형사가 이정표처럼 거리에 박혀 있을 때
아버지는 나를 걱정한다
나도 나를 걱정한다

우리의 걱정은 사복들의 뒷주머니 무전기에서 만난다
무전기에서 우리의 불안이 왱왱거린다
불안이 무전기를 노려본다

무전기 공화국의 신민인 아버지는
좌경용공신고 계몽 포스터 앞에 선다

아버지 칼 마르크스와 레닌을 알고 있는 아버지
마르크스와 레닌이 아버지의 신경을 깨문다

아버지 러시아혁명과 남로당사를 은근히

은근히 뒤적여 보는 아버지

아버지, 저를 신고하지 마세요
흔하디흔한 집에서조차
우리가 분단되어버린다면

우리는 같은 지붕 아래 사는가 4

조선 산천이 궁기로 허덕였을 때에도
어머니는 아리따운 처녀 아버지는
어머니의 젊음 속에서 당신의 젊음을 더해
피로 엉긴 나를 세웠으나

발바닥까지 시대의 통증을 아로새겨 놓고
그녀의 아랫도리 삭신을 갉아먹은
아버지와 나는 공범자이다.

―당신과 딸한테는 언제나 최루탄 냄새가 나오 최루탄 냄새 거두어 빨래를 하고 나면 헹굼물 속에는 나의 눈물이 첨벙거려 오 오 제발 밥상에는 시대의 뒷모습아 제발 우리의 양식으로 들어오지 말게 우리의 반찬 양념으로 달라붙지 말게 그리고 안녕히. 대문 밖에서 안녕히. 건강하게.

해설

해설

저주와 은총의 사랑

송기원(소설가)

 허수경의 시를 처음 대한 것은 1986년의 가을 무렵이었을 터이다.
 당시 나는 1985년도에 일어났던 '민중교육' 사건에 연루되어 1년 남짓한 옥살이 끝에 풀려나와, 창간호에 이어 여름호로 폐간된 계간지 『실천문학』을 위시하여 여기저기 쑥대밭이 되어버린 실천문학사의 경영문제 때문에 숨 돌릴 겨를도 없이 천방지축으로 분주하던 때였다. 그 험한 시절에 쑥대밭이 된 것이 어디 실천문학사뿐이었으랴. 이웃에 있는 창작과비평사는 등록 취소를 당한 끝에 많은 이들의 깊은 우정에 힘입어 가까스로 창작사라는 개명으로 기사회생에 여념이 없었고, 나아가 학생, 노동자, 지식인 등 각 계층의 민중운동은 전두환 군사정권의 극에 달한 말기적 발악에 맞서 어려운 싸움을 하고 있을 무렵이었다. 이런 상황 속에서 폐간되어버린 계간 『실천문학』을 다시 종전의 무크지 체제로 되돌려 1987년도 판을 준비하다가, 투고된 작품 속에서 허수경의 시를 발견한 것이었다. 나는 허수경의 시를 두고 적잖은 고심을 했던 것으로 기억된다. 1987년도 판의 특별 기획으로 현장시를 묶어 기왕에 실천문학을 통해 나온 김기홍, 김해화 외에 나머지 8명의 신인들을 대거 등장시켜 현장문학 혹은 노동문학을 위시한 이 땅의 민중문학의 영역을 보다 확대시키려는 것이 편집의 의도였다. 이런 특별기획의 '현장시'에 허수경이 포함된 것이다.

> 소나무는 제 사투리로 말하고
> 콩밭 콩꽃 제 사투리로 흔드는 대궁이
> 김 매는 울 엄니 무슨 사투리로 일하나
> 김 매는 울 올케 사투리로 몸을 터는 흙덩이
>
> 울 엄니 지고 가는 소쿠리에
> 출렁출렁 사투리 넌출
> 울 올케 사투리 정갈함이란
> 갈천 조약돌 이빨 같아야
>
> —「땡볕」 전문

보다 질박하고 힘찬 나머지 현장시들에 비하여 허수경의 시들은 어쩌면 현장시라고 부르기에는 적절치 않게 너무 세련되고 시적 전문성(?)이 돋보였는지도 모른다. 편집위원들 사이에 가벼운 논란이 있었고, 나는 현장시라고 해서 왜 세련되어서는 안 되는가라는 반문을 했던 것 같다. 그렇게 허수경의 시를 현장시에 묶으면서, 나로서는 일말의 불안감도 없지 않았다. 대학교 졸업반인 것으로 알려진 나이에 걸맞지 않게 구사하는 세련되고도 화려한 언어감각, 반짝이는 시적 기교들이 나에게는 차라리 염려스러웠을 것이다.

두번째로 허수경의 시를 대한 것은 『실천문학』의 복간호에서였다. 그리고 나는 비로소 허수경의 시세계에 대해서 안심하는 마음이었다.

> 늦가을 바람녘
> 비 맞은 감이 지네
> 남정들 썩은 삭신을 덮고
> 허옇게 허옇게 지리산 청마루도 흐려지는데
>
> 지리산 감나무 맨 윗가지
> 무신 날이 저리 붉은가
> 얼어붙은 하늘에 꽉 백혀 진저리치고 있는가
>
> 된똥 누다 누다
> 눈꼬리에 마른 눈물 달은 자식들처럼
> 감씨 퉤퉤 뱉다 기러기 떼
> 선연한 노을 끝으로 숨어버린 남정들처럼
>
> 잘못도 용서도 구할 수 없는
> 한반도 근대사 속을
> 사람 지나간 자취마다 하얗게 쏟아지는

감꽃 폭풍.

―「지리산 감나무」 전문

 화려하고 반짝이는 것들이 그 빛을 죽인 대신에, 보다 확고한 역사의식과 시대감각이 전면에 떠오른 일련의 시들을 보면서 나는 아직껏 만나보지 못한 허수경의 변화를 상상했다. 어쩌면 허수경은 두 해 사이에 그녀가 살고 있는 진주 남강의 유유한 흐름 속에 자신의 한 시기의 아름다움을 던져 넣는 법을 배웠는지도 모른다. 그렇다. 끊이지 않는 민중의 삶처럼 유장한 남강의 흐름 속에 자신의 한 시기의 아름다움을 던져 넣음으로써 그녀의 시는 비로소 남강의 흐름을 타고 보다 넓고 넉넉한 세계로 다가설 수 있었을 것이었다.
 이 무렵 나는 그녀에게 시집을 낼 것을 권유했다. 거의 대부분이 미발표 작품들인 시원고를 들고 그녀가 실천문학사 사무실에 나타났을 때, 나는 놀라서 속으로 입을 벌렸다. 그녀가 시에서 보인 어쩌면 요염하리만큼 관능적이며 화려한 인상 대신에 실제의 그녀는 대뜸 단발머리 시절의 여학교 학생이 연상될 만큼 앳되다 못해 꺼벙하기까지 한 체구였다. 나는 차라리 속은 듯한 느낌이었을 것이다.
 나는 그녀의 시집 원고를 읽기 시작했는데, 맙소사, 빈약한 체구와는 달리 그녀의 시는 이미 무르익을 대로 무르익어서 이제 막 땅에 떨어지기 직전의 과일들이 자아내는 어떤 조바심의 분위기가, 그리고 그런 조바심이 자아내는 안타깝고도 애절한 분위기가 전편에 질펀한 것이 아니랴.

문디 같아 반푼이 같아서 기다림으로 너른 강에 불씨 재우는 남녘 가시나
주막이라도 차릴거나
승냥이와 싸우다 온 이녁들 살붙이보다 헌칠한 이녁들
거두어나지고
밤꽃처럼 후두둑 피어나지고
—「진주 저물녘」부분

그리 모질게 매질을 당하고도 솟증이 돋아 입탐을 하네 돼지비계 두둥실 떠 있는 순댓국이나 한 사발 가슴 녹여내며 들이켜고 싶으이 방아냄새 상긋한 개장국에 밥을 말며 장정들 틈에 끼여 앉아 주는 대로 탁주도 뿌리치지 않고 싶으이 제아무리 매질 오질토록 닥쳐봐라 내 입맛 하나 온전히 다칠 수 있으랴 두레마을의 아낙으로 살점 일구어내고 연애도 달덩이 같은 아들도 낳아
이보시게 아들도 이녁들에게 매질당하게 키우것네
—「사식을 먹으며」전문

고운 가수나
달하 정분난 내 남정
두덕살만큼만 차올라라
풀섶으로 눕던 이마 고운 바람과
바람 목덜미 쓿어주던 풀물로나 베여라

> 고운 가수나
> 남정아
> 네 떠나도 개울물 감기며 목물을 한다
> 떠났다 돌아오는 물소리로
> 남정아
> 네 떠나도 밤이면 속옷 갈아입고
> 징금다리 건너 마실 간다 남정아
>
> ―「댕기풀이」 부분

나는 그녀의 시들을 읽으며 거의 숨이 막히는 듯한 긴장에 사로잡혔을 터였다. 나는 허수경의 일련의 시처럼 사람을 사로잡는 작품을 지금껏 보지 못했다. 시집 원고들을 다 읽고 난 후 나는 갑자기 그녀가 무서워지기 시작하였다.

벼락맞을 상상이지만 나는 앳되고 풋내나는 단발머리의 그녀를 앞에 놓고, 세상의 모든 남정네들에게 버림받고, 그렇게 버림받아 자유로운 몸이 되어, 드디어 세상의 모든 남정네들을 제 살붙이로 여기는 진주 남강이나 혹은 낙동강 하류의 어느 가난한 선술집의 주모를 떠올렸다. 그렇다. 나는 이쪽에서 허수경의 시가 갖는, 사람을 사로잡는 괴물 같은 힘을 말하고 싶다.

도대체 어디에서 그런 힘이 솟는 것일까. 단언하건대 허수경의 괴물 같은 힘은 사랑에서 연유한 것이리라. 나는 어린 나이의 그녀가 어떻게 하여 그처럼 크고 넉넉한 사랑을 획득하였는지 알지 못한다. 또한 그렇게 크고 넉넉한 사랑을 획득하기 위한 고통과 몸부림도 알지 못한다. 다만 일반적으로 말할 수 있다면 그렇게 크고 넉넉한 사랑은 그만큼 크고 깊은 고통과 몸부림이 없이는, 또한 그만큼 크고 깊은 은총이 없이는 불가능하다는 것이다. 그런 의미에서 본다면 허수경은 누군가로부터 저주와 은총을 함께 받은 시인이다.

  잔인한 일이지만 나는 이 어린 시인의 앞날에 누군가와 더불어 저주와 은총을 함께 보낸다.

시인의 말

초판 시인의 말

나는 언제나 별로 할 말이 없다.

다만 문학적 실천을 가장 유효하게 담보해내는 것은 문학행위의 산출물인 작품이라는 믿음만이 있을 뿐, 또한 우리는 시대상황에 눌려 아름다움을 얼마나 쉽게 포기하고 있었는가 하는 자책만이 있을 뿐, 결국 내가 앞으로 무엇과 싸워나가야 하는가가 더욱 명확해졌다는 것이 지금의 솔직한 심정이다.

나 개인적으로는 아주 어려운 시기에 나오는 첫 시집이다. 개인적인 고통에 무덤덤해지려고 애쓰며 원고를 정리했다.

나는 뼈를 세우고 살점을 키워준 고향 진주와 어머니 아버지에게 이 시집을 바친다.

언제나 격려해주신 정동주 선생님, 고향의 벗들과 어른들, 그리고 이름을 밝힐 수 없는 한 놀량에게 무한한 신뢰와 감사를 보낸다. 앞으로 고통이 있다면 나의 몫이요, 그 고통으로 빛나는 날이 예비된다면 이 땅에 내가 노래해야 할 사람들과 더불어 그들의 몫이다.

어려운 시대를 살아가므로 우리는 얼마나 행복한가.

— 1988년 11월
허수경

개정판 시인의 말

오마나!
세월이 그렇게 지났군요.
첫 시집 원고를 들고 아현동에 있던 실천문학사를 찾았던 진주 가시나가 이제 사십 중반을 독일에서 보내고 있습니다.

1980년대 말.
그때 우리들은 가난했지요. 가난하고 지난했지요. 정치는 어두웠고 청년들은 잡혀갔고 글을 쓰는 것도, 사는 것도 검열과 단속의 시절이었어요.
그 시절, 탄생된 저의 첫 시집, 『슬픔만 한 거름이 어디 있으랴』는 저의 뿌리, 저의 오래된 얼굴을 담고 있습니다.
시인으로서의 삶이 지난하다는 걸 모르고 열정만 가득하던 시절, 말의 어려움과 지난함과 지극한 가벼움과 가벼움 뒤에 있는 사랑과 삶을 알아보지 못하고 다만 젊어서 불렀던 노래들이 그 시집 안에는 담겨 있습니다.

그때, 저는 이십여 년 뒤에 독일에 살면서 이렇게 개정판을 지켜보리라는 것을 감히 상상조차 하지 못했습니다.

이 시집을 지켜본 분들 가운데 세 분에게 감사 인사를 여쭙니다.

송기원 선생님, 이시영 선생님, 그리고 당시 실천문학 편집장으로 제 시집을 만들어주신 강태형 선배……, 그분들이 없었더라면 이 시집은 없었을 겁니다.

그분들이 제게 주신 술과 밥의 저녁들, 너무나 그립습니다. 제가 첫 시집 원고를 들고 처음 실천문학을 찾던 날, 절 처음 보고 어, 하시던 송기원 선생님의 동그란 눈이 생각납니다.

강태형 선배의 자상함과 돈독함, 그 우정을 아직도 저는 간직하고 있습니다. 강 선배의 배려는 너무나 깊어서 독일 생활 동안 언제나 저를 격려해주셨지요.

아, 그리고 이시영 선생님!

독일, 라이프치히에서 뵙고 아쉬운 이별을 하던 날, 선생님은 제게 독일 약국에서 사온 올리브 손크림을 건네주셨지요. 서울 첫 나날로부터 지금까지 이시영 선생님의 따뜻함과 엄격함이 없었더라면 독일에서 학생으로 지낼 때 그 어려움을 저는 견디기 힘들었을 겁니다. 문학을 하는 동지로서 동시대의 한 인간으로서 선생님이 제게 주신 마음, 잊지 않고 마음의 가장 깊은 곳에 넣어두고 가끔씩 꺼내보겠습니다. 그리고 노래 하나. 이시영 선생님이 가끔 부르시던 정지용 시, 고향을 꿈에도 차마 잊으랴.

저녁이 깊어오는 시간이면 그 목소리 자주 듣습니다.

실천문학의 여러분들, 감사합니다.

그리고 독자 여러분, 먼 나날 가운데 절 잊지 않고 기억해주셔서 감사합니다.

여러분들이 없었더라면 전 이 세계의 고아로 어느 거리에서 사라졌을 겁니다.

고개 깊이 숙이며
다시 뵈올 때까지

— 2010년 1월,
독일에서 허수경 드림